BEI GRIN MACHT SICH IHR WISSEN BEZAHLT

Dennis Sauert

Deutschland im Steuerwettbewerb. Eine mikroökonomische Analyse

GRIN Verlag

Bibliografische Information der Deutschen Nationalbibliothek:

Die Deutsche Bibliothek verzeichnet diese Publikation in der Deutschen National-
bibliografie; detaillierte bibliografische Daten sind im Internet über http://dnb.d-
nb.de/ abrufbar.

Impressum:

Copyright © 2008 GRIN Verlag GmbH
Druck und Bindung: Books on Demand GmbH, Norderstedt Germany
ISBN: 978-3-656-68079-6

Dieses Buch bei GRIN:

http://www.grin.com/de/e-book/275418/deutschland-im-steuerwettbewerb-eine-
mikrooekonomische-analyse

GRIN - Your knowledge has value

Der GRIN Verlag publiziert seit 1998 wissenschaftliche Arbeiten von Studenten, Hochschullehrern und anderen Akademikern als eBook und gedrucktes Buch. Die Verlagswebsite www.grin.com ist die ideale Plattform zur Veröffentlichung von Hausarbeiten, Abschlussarbeiten, wissenschaftlichen Aufsätzen, Dissertationen und Fachbüchern.

Besuchen Sie uns im Internet:

http://www.grin.com/

http://www.facebook.com/grincom

http://www.twitter.com/grin_com

Angewandte Mikroökonomie

Spieltheorie:

Deutschland im Steuerwettbewerb

1. Erklärung zum spieltheoretischen Verhalten im Steuerwettbewerb

Der Steuerwettbewerb verschafft, durch seine eindeutige Position, den Anreiz, einzelnen Länder zu einem komparativen Standortvorteil zu verhelfen, wenn sie am Wettbewerb partizipieren. Im Zuge der Steuerreform für Unternehmen, die 2008 in Kraft tritt, ist es interessant zu analysieren, welchen Schwierigkeiten Deutschland bei der Reformierung gegenübersteht.[1] Durch die Mobilität des Faktors Kapital haben die Individuen die Möglichkeit, sich der staatlichen Besteuerung zu unterziehen. Um die Abwanderung des Steuersubstrats in das Ausland zu vermeiden, versetzt es den Staat notwendigerweise in einen Steuerwettbewerb. Dabei beschreibt der Steuerwettbewerb ein Konkurrenzverhalten einzelner Staaten um mobile Besteuerungsgrundlagen.[2] Bei einer genaueren Betrachtung wird deutlich, dass sowohl innerhalb der Europäischen Union als auch global der Wettlauf um Steuersubstrat die Körperschaftssteuer juristischer Personen scheinbar massiv nach unten drückt. Dieser von den Wirtschaftslobbyisten ausgelöste Druck, hat die Senkung der Körperschaftssteuersätze zur Folge, um gegen konkurrierende Länder als Investitionsstandort attraktiv zu bleiben. Aus diesem Grund sollen gesetzlich geregelte Steuersenkungen in dem jeweiligen Land, den Abfluss von Steuersubstrat verhindern.[3] Wenn sich jedoch alle konkurrierenden Länder für eine gemeinsame Kooperation zu den Steuersätzen aussprechen würden, gäbe es keinen Grund für die Körperschaften ihre Unternehmensgewinne in andere Länder zu verlagern. Aus diesem Grund sind die Regierungen intensiv bestrebt einen kollektiven Konsens zu finden und sich glaubhaft zu verpflichten den Steuerwettbewerb zu unterlassen, um für alle das beste Ergebnis erzielen zu können.

2. Symmetrisches Modell

Dennoch besteht aus rationalen Gründen für jedes Land der Anreiz, nicht mit den anderen Ländern zu kooperieren, um das ausländische Steuersubstrat anzuziehen, indem man die Steuersätze der anderen Staaten unterbietet. Mit dieser Steuersenkung erhoffen sie sich, dass der Zufluss von neuen Arbeitsplätzen und zusätzlichem Kapital die damit verbundenen Einnahmeverluste kompensiert oder sogar überkompensiert, da die steigenden Direktinvestitionen wiederum das Steueraufkommen im Inland erhöhen könnten. Mit dem Eintritt in den Wettbewerb verfolgen die Länder das Ziel, sich einen komparativen Vorteil gegenüber ihren Konkurrenten zu verschaffen, indem Steuern auf

---

[1] http://www.wagschal.uni-hd.de/down/06_gwp04.pdf S.2
[2] http://mpra.ub.uni-muenchen.de/329/01/MPRA_paper_329.pdf S.5
[3] http://sandimgetriebe.attac.at/5143.html

mobiles Steuersubstrat wie etwa Finanzkapital, Unternehmen oder hohe Einkommen gesenkt werden. Dadurch, dass alle Länder wieder in Konkurrenz treten werden, wird der internationale Steuersatz ebenfalls sinken um wettbewerbsfähig auf dem Markt zu bleiben. Sobald sich wieder ein einheitlicher Steuersatz eingependelt hat, wird erneut ein wettbewerbsorientiertes Land damit beginnen die Steuern zu senken, um wiederum einen komparativen Vorteil gegenüber allen anderen zu erlangen. Als Resultat findet ein so genanntes „Race to the bottom" der Steuersätze statt. Somit wird sich im Verlauf ein Steuersatz von null einstellen. Es ist hierbei erkennbar, dass sich die Staaten offensichtlich in einem Gefangenendilemma befinden. Denn durch das nicht kooperative Verhalten der einzelnen Länder, stellt sich am Ende keines besser. Im Hinblick einer Kooperation hätte eine Steuerharmonisierung allen Beteiligten einen höheren Nutzen verschafft. In diesem symmetrischen Fall hat das nicht kooperative Verhalten allen das schlechteste Ergebnis eingebracht.[4]

Frankreich

Deutschland		Kooperieren	Nicht- kooperieren
	Kooperieren	5/5	1/8
	Nicht Kooperieren	8/1	2/2

(Quelle: eigene Darstellung in Anlehnung an MPRA Uni München S. 13)

Betrachtet man in dieser Matrix zwei relativ große Volkswirtschaften, ist ersichtlich, dass die Einhaltung des Kooperationsabkommens Deutschland und Frankreich besser stellen würde. Da sich aber beide Länder rational verhalten, werden sich beide im Nash-Gleichgewicht treffen wo sie eine Nutzenauszahlung von jeweils nur zwei Einheiten haben.

3. Asymmetrisches Modell

Aufgrund der tatsächlichen Asymmetrie in einem Steuerwettbewerb, haben die kleinen Staaten die Möglichkeit eher vom Steuerwettbewerb zu profitieren als die großen. Im Fall von einseitigen Steuersatzsenkungen werden durch den Steuersatzeffekt prinzipiell geringere Einnahmen aus der eigenen Steuerbasis generiert. Darüber hinaus werden aber durch den Baseneffekt reale Einnahmen aus der internationalen Steuerbasis erzielt. Der Vorteil für kleine Staaten liegt nun darin, dass sie durch eine Steuersatzsenkung wenig an Steuereinnahmen zu verlieren aber viel an ausländischer Steuerbasis zu gewinnen haben.

---

[4] http://www.wagschal.uni-hd.de/down/06_gwp04.pdf S.2

Somit würde eine Steuersatzsenkung zu einer Erhöhung der Einnahmen von Steuern führen. Aus diesem Kontext klärt sich die Frage, warum die kleinen Staaten wie etwa Monaco oder die Schweiz als Steuerparadiese bekannt sind. Anders verhält sich eine Steuersenkung bei den großen Staaten, bei denen der Baseneffekt vom Steuersatzeffekt klar dominiert wird. Der Grund liegt in der Tatsache, dass Staaten wie z.b. Deutschland oder Frankreich eine große Menge der eigenen Steuerbasis zu besteuern haben, hingegen das Verhältnis einer attrahierenden ausländischen Steuerbasis relativ gering ist. Aufgrund dieser gezeigten Asymmetrie der Länder besteht für die kleinen Staaten kein Grund mehr eine Kooperation mit den großen Staaten einzugehen. Für sie ist es vielmehr vorteilhaft nicht zu kooperieren, da sie ihre Mehreinnahmen durch den Zufluss der ausländischen Steuerbasis erzielen können, welches ihnen andererseits verwehrt bliebe.

Schweiz

Deutschland	Kooperieren	Nicht- kooperieren
Kooperieren	5/3	1/8
Nicht Kooperieren	8/1	2/4

(Quelle: eigene Darstellung in Anlehnung an MPRA Uni München S. 14)

In diesem asymmetrischen Modell ist ganz gut erkennbar, dass sich die Schweiz beim kooperativen Verhalten insgesamt schlechter stellen würde, als wenn sie nicht kooperieren würde. Somit erzielt die Schweiz im Nash-Gleichgewicht einen höheren Nutzen von vier Einheiten als wenn es mit Deutschland in eine Kooperation tritt.

4. Schlussfolgerung

Wie in dem symmetrischen als auch asymmetrischen Modell erkennbar ist, führen beide Nash-Gleichgewichte, durch nicht- kooperatives Verhalten, zu einer geringeren Nutzenauszahlung für Deutschland.[5] Im symmetrischen Modell, führt nur eine Steuerharmonisierung beider Länder zu einem höheren Nutzen, so dass Frankreich und Deutschland von einem Kooperationsabkommen nicht abrücken sollten. Im asymmetrischen Modell hingegen wird die Schweiz, um eine maximale Nutzenauszahlung zu erhalten, von einer Kooperation mit Deutschland absehen. Somit wird Deutschland ebenfalls nicht kooperieren, um noch eine maximale Nutzenauszahlung von zwei Einheiten zu bekommen.

---

[5] http://mpra.ub.uni-muenchen.de/329/01/MPRA_paper_329.pdf S.14